Toast – leicht gemacht

Für einen knusprigen Toast reicht die Zeit immer, und oft sind auch die Zutaten schon im Hause. Toasts gelingen im Handumdrehen und schmecken als unkomplizierte Mahlzeit oder als Vorspeise. Mit köstlichen Toast-Ideen kann man sich allein oder zu zweit verwöhnen und ebensogut eine erwartungsvolle Gästeschar überraschen. Man kann kreativ sein, die Rezepte nach Lust und Laune abwandeln, in der kleinsten Küche erfolgreich sein.
Be-legen Sie los!

Übrigens: kJ und kcal unter jedem Rezept bedeuten Kilojoule und Kilokalorien. Die Umgangssprache sagt dazu Joule und Kalorien.

Zucchini-Gorgonzola-Toast

Hervorragend als Vorspeise für ein sommerlich-leichtes Menü geeignet.

Zutaten für 2 Personen:
2 Scheiben Toastbrot · 1 Knoblauchzehe
1 kleiner Zucchino (etwa 120 g)
2 Eßl. Butter · 4 kleine Scheiben Lachsschinken · 1 Eigelb · ½ Teel. schwarzer Pfeffer, grob gemahlen · 1 Prise Muskatnuß, frisch gerieben · ½ Bund Basilikum
100 g Sahnegorgonzolakäse

- Vorbereitungszeit: etwa 20 Minuten
- Backzeit: etwa 10 Minuten

1

Die Brotscheiben toasten (Seite 18/19). Den Knoblauch schälen, längs halbieren und mit den Schnittflächen die Brotscheiben auf einer Seite einreiben.

2

Den Zucchino von Stiel- und Blütenansatz befreien, waschen und in nicht zu dünne Scheiben schneiden. In einer Pfanne mit 1 Eßlöffel Butter 5 Minuten dünsten, dabei ab und zu umwenden.

3

Die Toastscheiben mit der restlichen Butter bestreichen. Die Zucchinischeiben dachziegelartig darauf anordnen. Den Schinken vom Fettrand befreien und auf die Zucchinischeiben legen.

4

Den Backofen auf 200° vorheizen.

5

Das Eigelb verquirlen, mit dem Pfeffer und dem Muskat würzen. Das Basilikum kalt abbrausen, trockenschütteln, abzupfen und bis auf einige schöne Blättchen in Streifen schneiden. Die Streifen unter die Eimasse heben und daraus in der Pfanne im verbliebenen Fett Rührei bereiten. Das Rührei auf den Toastbroten verteilen.

6

Den Käse in Scheiben schneiden und obenauflegen. Wenn es schnell gehen soll, kann man den Käse auch mit der Gabel zerdrücken, das rohe Eigelb, die Gewürze und das Basilikum hinzufügen und diese Masse auf die Toasts verteilen.

7

Die Toasts auf einem mit Alufolie oder Backtrennpapier belegten Backblech in den Backofen (Mitte) schieben und etwa 10 Minuten backen, bis der Käse geschmolzen ist. Mit den restlichen Basilikumblättchen bestreuen.

Pro Person etwa 2200 kJ/520 kcal
19 g Eiweiß · 43 g Fett · 13 g Kohlenhydrate

Zucchini-Gorgonzola-Toast

Graubrottoast mit Gemüsemett

Durch das gewürzte Mett und die knackige Gemüsemischung ein Imbiß für Leute, die es herzhaft mögen.

Zutaten für 2 Personen:
1 kleine Stange Bleichsellerie · 1 kleine Möhre · 100 g Schweinemett · 1 Eigelb
1 Knoblauchzehe · 1 Prise Salz
1 Prise schwarzer Pfeffer, grob gemahlen
1 Zweig Oregano, frisch gehackt, oder ½ Teel. getrockneter Oregano
2 Scheiben Graubrot (Mischbrot)
2 Teel. Butter · 50 g Knoblauchhartkäse
einige Kerbelblättchen

- Vorbereitungszeit: etwa 15 Minuten
- Backzeit: etwa 10 Minuten

1

Den Bleichsellerie waschen und längs halbieren, dann in kleine Stückchen schneiden. Die Möhre waschen, schaben oder schälen und grob raspeln.

2

Das Schweinemett mit dem Gemüse und dem Eigelb gut mischen. Die Knoblauchzehe schälen und durch die Presse dazudrücken. Mit dem Salz, dem Pfeffer und dem Oregano kräftig würzen.

3

Den Backofen auf 200° vorheizen.

4

Die Brotscheiben toasten (Seite 18/19), mit der Butter bestreichen und die Mettmasse gleichmäßig darauf verteilen.

5

Den Knoblauchkäse grob reiben und auf die Brote streuen.

6

Die Toasts auf einem mit Alufolie oder Backtrennpapier belegten Backblech in den Backofen (Mitte) schieben und etwa 10 Minuten überbacken.

7

Die Kerbelblättchen kalt abbrausen, trockenschütteln, von den Stengeln befreien und die fertigen Toasts damit garnieren.

Pro Person etwa 1900 kJ/450 kcal
21 g Eiweiß · 29 g Fett · 26 g Kohlenhydrate

Graubrottoast mit Gemüsemett

Welsh Rarebit

Der »Walisische Leckerbissen« mit würziger Käsecreme ist ein Klassiker unter den Toasts.

Zutaten für 2 Personen:
150 g alter Goudakäse · 1 Teel. Mehl
2 Eßl. möglichst dunkles Bier
1 Teel. Butter · 1 Schuß Worcestersauce
1 Teel. scharfer Senf · 1 Eigelb
1 Prise Rosenpaprikapulver · 2 Scheiben
Toastbrot · einige Blättchen Petersilie

- Vorbereitungszeit: etwa 15 Minuten
- Backzeit: etwa 3 Minuten

1

Den Grill oder den Backofen auf 250° vorheizen.

2

Den Käse sehr fein reiben. Mit dem Mehl mischen. Das Bier, die Butter, die Worcestersauce und den Senf darunterrühren. Das Eigelb verquirlen und darunterheben. Die Masse mit dem Paprikapulver abschmecken.

3

Die Brotscheiben toasten (Seite 18/19). Jede Scheibe gleichmäßig mit der Käsecreme bestreichen; nach Belieben diagonal durchschneiden.

4

Die Toasts auf ein Backblech mit Alufolie oder auf den Grillrost legen und im Backofen (Mitte) oder unter dem Grill in etwa 3 Minuten goldgelb überbacken.

5

Die Petersilie kalt abbrausen, trockenschütteln (Seite 18/19) und die Toasts damit garnieren.

Pro Person etwa 1700 kJ/400 kcal
23 g Eiweiß · 28 g Fett · 13 g Kohlenhydrate

Welsh Rarebit

Thunfischtoast mit Gurke

Erfrischend durch Zitrone und Gurke – eine leichte Sommermahlzeit.

Zutaten für 2 Personen:
1 Dose Thunfisch naturell (ohne Öl)
2 Teel. Kapern · etwas abgeriebene Schale von unbehandelter Zitrone
1 Teel. Zitronensaft · Salz
weißer Pfeffer, frisch gemahlen
1 Prise Rosenpaprikapulver
¼ Salatgurke · 2 Scheiben Toastbrot
2 Teel. Butter · ½ Kugel Mozzarellakäse (etwa 75 g) · einige Blättchen Zitronenmelisse

- Vorbereitungszeit: etwa 10 Minuten
- Backzeit: etwa 10 Minuten

1

Den Thunfisch sehr gut abtropfen lassen und mit zwei Gabeln zerpflücken.

2

Die Kapern, die Zitronenschale und den -saft daruntermischen. Mit Salz, Pfeffer und dem Paprikapulver würzen.

3

Die Gurke schälen und in nicht zu dünne Scheiben schneiden.

4

Den Backofen auf 220° vorheizen.

5

Die Brotscheiben toasten (Seite 18/19) und mit der Butter bestreichen. Die Gurkenscheiben darauflegen, leicht salzen und pfeffern.

6

Die Thunfischmischung gleichmäßig darauf verteilen. Den Mozzarella in Scheiben schneiden und darauflegen.

7

Die Toasts auf einem mit Alufolie oder Backtrennpapier belegten Backblech in den Backofen (Mitte) schieben und etwa 10 Minuten überbacken.

8

Die Zitronenmelisse kalt abbrausen, trokkenschütteln, von den Stielen abzupfen und die fertigen Toasts damit bestreuen.

Pro Person etwa 1800 kJ/430 kcal
27 g Eiweiß · 23 g Fett · 21 g Kohlenhydrate

Thunfischtoast mit Gurke

Mozzarella-Tomaten-Toast

Diese Kombination hat sich als erfolgreiche Vorspeise bewährt.

Zutaten für 2 Personen:
1 kleine Roggenstange · 2 Eßl. Olivenöl
1 kleine Knoblauchzehe · 1 Fleischtomate
1 Kugel Mozzarellakäse (150 g)
Salz · schwarzer Pfeffer, grob gemahlen
½ Bund Basilikum

- Vorbereitungszeit: etwa 20 Minuten
- Backzeit: etwa 10 Minuten

1

Die Roggenstange längs halbieren. Das Olivenöl in einer Pfanne erhitzen. Den Knoblauch schälen, durch die Presse zum Öl drücken. Dann die Roggenstange mit den Schnittflächen nach unten hineinlegen und goldbraun rösten (Seite 18/19).

2

Die Fleischtomate vom Stengelansatz befreien und für 1 Minute in kochendes Wasser legen. Herausnehmen, kalt abschrekken und häuten. Die Frucht quer halbieren und die Kerne mit einem Teelöffel herausschaben. Das Fruchtfleisch in Streifen schneiden.

3

Den Backofen auf 220° vorheizen.

4

Den Mozzarella in nicht zu dünne Scheiben schneiden und abwechselnd mit den Tomatenstreifen auf den Brotstangenhälften verteilen. Salzen und pfeffern.

5

Das Basilikum kalt abbrausen, trockenschütteln, abzupfen und bis auf einige schöne Blättchen in feine Streifen schneiden. Die Streifen auf die Toasts streuen.

6

Die Toasts auf einem mit Alufolie oder Backtrennpapier belegten Backblech in den Backofen (Mitte) schieben und etwa 10 Minuten überbacken. Nochmals grob überpfeffern und mit den übrigen Basilikumblättchen bestreuen.

Pro Person etwa 1500 kJ/360 kcal
19 g Eiweiß · 21 g Fett · 20 g Kohlenhydrate

Mozzarella-Tomaten-Toast

Austernpilztoast mit Schinken

Die aromatischen Austernpilze finden immer mehr Freunde.
Sie kommen gezüchtet auf den Markt.

Zutaten für 2 Personen:
2 Eßl. Pfefferbutter (Fertigprodukt)
4 schräg geschnittene Scheiben Stangenweißbrot · 200 g Austernpilze
1 Eßl. Olivenöl · 100 g gekochter Schinken · 1 Prise Salz · 1 Prise schwarzer Pfeffer, frisch gemahlen · 1 kleine Kugel Mozzarellakäse (150 g) · 2 Zweige Thymian, frisch gehackt, oder 1 Teel. getrockneter Thymian

- Vorbereitungszeit: etwa 15 Minuten
- Backzeit: etwa 8 Minuten

1

Die Pfefferbutter in einer Pfanne erhitzen. Die Weißbrotscheiben darin auf einer Seite goldbraun rösten (Seite 18/19).

2

Die Austernpilze kalt abbrausen, abtropfen lassen, von holzigen Stellen befreien und in schmale Streifen schneiden (Seite 34/35). In der Pfanne das Olivenöl erhitzen und die Pilzstreifen darin dünsten, bis fast alle Flüssigkeit verdampft ist.

3

Den Schinken vom Fettrand befreien, ebenfalls in schmale Streifen schneiden und unter die Pilze mischen. Salzen und leicht pfeffern.

4

Den Backofen auf 220° vorheizen.

5

Die Pilz-Schinken-Mischung auf den Brotscheiben verteilen. Den Mozzarella in Scheiben schneiden und darauflegen. Mit dem Thymian bestreuen.

6

Die Toasts auf einem mit Alufolie oder Backtrennpapier belegten Backblech in den Backofen (Mitte) schieben und etwa 8 Minuten überbacken, bis der Käse zu schmelzen beginnt.

Pro Person etwa 1900 kJ/450 kcal
23 g Eiweiß · 30 g Fett · 24 g Kohlenhydrate

Austernpilztoast mit Schinken

Kümmelstange mit Sardinen

Ein Toast, den man gut aus der Hand essen kann – ideal für eine Party.

Zutaten für 2 Personen:
1 Kümmelstange · 1 Teel. Kräuterbutter (Fertigprodukt) · 1 kleine rote Paprikaschote · 1 Dose Ölsardinen ohne Haut und Gräten (125 g) · etwas Salz
1 Prise Cayennepfeffer · 2 Scheiben mittelalter Goudakäse (etwa 60 g)
etwas Paprikapulver

- Vorbereitungszeit: etwa 10 Minuten
- Backzeit: etwa 12 Minuten

1

Die Kümmelstange längs halbieren. Die Kräuterbutter in einer Pfanne schmelzen lassen und die Stangenhälften auf den Schnittflächen goldgelb braten (Seite 18/19).

2

Die Paprikaschote von Rippen und Kernen befreien, gut waschen und in schmale Streifen schneiden. Ein Drittel davon klein würfeln und beiseite stellen.

3

Die Sardinen aus der Dose nehmen und mit Küchenkrepp das Fett abtupfen. Schräg, abwechselnd mit den Paprikastreifen, auf die Kümmelstangenhälften legen. Mit Salz und dem Cayennepfeffer würzen.

4

Den Backofen auf 220° vorheizen.

5

Den Käse entrinden, in passende Stücke schneiden und auf die belegten Kümmelstangen geben.

6

Die Toasts auf einem mit Alufolie oder Backtrennpapier belegten Backblech in den Backofen (Mitte) schieben und etwa 12 Minuten überbacken.

7

Die fertigen Toasts mit Paprikapulver leicht bestäuben und mit den Paprikawürfelchen bestreuen.

Pro Person etwa 1700 kJ/400 kcal
24 g Eiweiß · 27 g Fett · 20 g Kohlenhydrate

Kümmelstange mit Sardinen

So wird's gemacht

1

Das Toasten

1 Am einfachsten werden Brotscheiben, auch halbierte Stangen oder Brötchen, in einer Pfanne in wenig Fett goldgelb geröstet – je nachdem auf einer oder auf beiden Seiten.

2 Im Elektro-Toaster werden Toast-, Mischbrot oder andere Brotscheiben getoastet. Große Scheiben (Bauernbrot) notfalls halbieren.

3 Viele Toastgeräte haben zusätzlich einen Gitteraufsatz. Die halbierten Brötchen oder Kümmelstangen mit der Schnittfläche nach unten darauflegen und rösten.

1

Umgang mit Kräutern

1 Frische Kräuter zunächst in einem Sieb kalt abbrausen, dann gut trockenschütteln.

2 Dann zupft man die Blättchen von den Stengeln.

3 Die Blättchen auf einem Brett mit einem Messer oder Wiegemesser fein hacken.

1

Das Belegen

1 Verschiedene Zutaten wie Avocado- und Hühnerbrustscheibchen werden abwechselnd schuppenartig auf das Brot gelegt.

2 Schnittkäse von der Rinde befreien, dann in Scheiben schneiden. Die Käsescheiben in schmale Streifen schneiden.

3 Die Käsestreifen gitterartig auf dem belegten Toast anordnen.

2

3

2

3

2

3

Graubrottoast mit Rindermark

Eine Toast-Variante für Liebhaber deftiger Snacks.

Zutaten für 2 Personen:
4 mittelgroße Rindermarkknochen
1 kleine Zwiebel · 1 Knoblauchzehe
1 Bund glatte Petersilie
2 Zweige Thymian, frisch gehackt, oder
1 Teel. getrockneter Thymian · 1 Ei
4 Eßl. Semmelbrösel · Salz
1 Prise schwarzer Pfeffer, frisch gemahlen
etwas Muskatnuß, frisch gerieben
1 Prise Chilipulver · 2 mittelgroße
Scheiben Graubrot (Mischbrot)

- Vorbereitungszeit: etwa 40 Minuten
- Backzeit: etwa 5 Minuten

1

Die Rinderknochen 30 Minuten in eiskaltes Wasser legen (Seite 34/35).

2

Inzwischen die Zwiebel schälen, sehr fein hacken und in eine kleine Schüssel füllen. Den Knoblauch schälen und durch die Presse dazudrücken.

3

Die Petersilie kalt abbrausen, trockenschütteln, fein hacken (Seite 18/19) und die Hälfte davon in die Schüssel geben, den Rest zugedeckt beiseite stellen.

4

Den Backofen auf 220° oder den Grill vorheizen.

5

Das Mark aus den Knochen drücken, abspülen (dabei Knochensplitter entfernen), in die Schüssel geben und gut zerdrücken (Seite 34/35).

6

Den Thymian, das Ei und die Semmelbrösel hinzufügen. Alles gut mischen. Mit Salz, dem Pfeffer, etwas Muskat und dem Chilipulver kräftig abschmecken.

7

Die Brotscheiben toasten (Seite 18/19) und mit der Masse gleichmäßig bestreichen. Die Toasts auf ein mit Alufolie oder Backtrennpapier belegtes Backblech geben. Im Backofen (Mitte) oder unter dem Grill 5 Minuten überbacken.

8

Die fertigen Toasts mit der restlichen Petersilie bestreuen. Sehr heiß servieren.

Pro Person etwa 1800 kJ/430 kcal
9 g Eiweiß · 28 g Fett · 32 g Kohlenhydrate

Graubrottoast mit Rindermark

Toast mit Hühnerbrust und Avocado

Ein elegantes kleines Abendessen, das sicher auch Ihre Gäste begeistern wird.

Zutaten für 2 Personen:
2 Eßl. Butter · 1 Hühnerbrüstchen (2 Hälften), gehäutet und ausgelöst
Salz · weißer Pfeffer, frisch gemahlen
1 Messerspitze Cayennepfeffer
1 reife kleine Avocado · Zitronensaft
1 kleines Stangenweißbrot
4 Teel. Meerrettichfrischkäse
2 dickere Scheiben mittelalter Goudakäse (etwa 50 g) · eventuell etwas Schnittlauch, kleingeschnitten

- Vorbereitungszeit: etwa 20 Minuten
- Backzeit: etwa 10 Minuten

1

Die Butter in einer Pfanne erhitzen. Die Hühnerbrüstchen trockentupfen und in der heißen Butter rundum 6 Minuten braten. Mit Salz, Pfeffer und dem Cayennepfeffer würzen. Das Fleisch aus der Pfanne nehmen und quer zur Faser in Scheiben schneiden.

2

Die Avocado schälen, längs halbieren und vom Kern befreien. Die Fruchthälften quer in Scheiben, so dick wie die Fleischscheiben, schneiden. Sofort mit Zitronensaft beträufeln, damit sie hell bleiben.

3

Den Backofen auf 220° vorheizen.

4

Das Stangenweißbrot schräg in etwa fingerdicke Scheiben schneiden. Die Scheiben im verbliebenen Bratfett (von den Hühnerbrüstchen) goldbraun braten (Seite 18/19); etwas abkühlen lassen.

5

Die Brotscheiben mit dem Meerrettichkäse bestreichen. Die Avocado- und Fleischscheiben abwechselnd schuppenartig darauf anordnen (Seite 18/19). Salzen und pfeffern.

6

Den Gouda von der Rinde befreien, in schmale Streifen schneiden und diese als Gitter auf die Toasts verteilen (Seite 18/19).

7

Die Toasts auf einem mit Alufolie oder Backtrennpapier belegten Backblech in den Backofen (Mitte) schieben und etwa 10 Minuten überbacken, bis der Käse zu schmelzen beginnt. Nach Belieben mit Schnittlauch bestreuen.

Pro Person etwa 2900 kJ/690 kcal
32 g Eiweiß · 47 g Fett · 37 g Kohlenhydrate

Toast mit Hühnerbrust und Avocado

Broccolitoast mit Eihaube

Für alle, die ihren Toast ohne Fleisch essen wollen.

Zutaten für 2 Personen:
150 g Broccoli (frisch oder tiefgefroren)
Salz · 2 Scheiben Vollkorntoastbrot · 1 Ei
80 g Sahnegorgonzolakäse
schwarzer Pfeffer, frisch gemahlen
Muskatnuß, frisch gerieben
1 Zweig Majoran, frisch gehackt, oder
½ Teel. getrockneter Majoran
etwas Zitronensaft · 2 Teel. Butter
2 Teel. Tomatenmark
2 Teel. Sonnenblumenkerne

- Vorbereitungszeit: etwa 15 Minuten
- Backzeit: etwa 10 Minuten

1

Den Broccoli putzen oder auftauen lassen, in kleine Röschen teilen und die Stengel kleinschneiden. In kochendem Salzwasser 3 Minuten knackig garen, eiskalt abschrekken und sehr gut abtropfen lassen.

2

Die Brotscheiben toasten (Seite 18/19).

3

Das Ei in Eigelb und Eiweiß trennen. Das Eigelb mit dem Sahnegorgonzola gut vermischen. Mit Salz, Pfeffer, Muskatnuß, dem Majoran und Zitronensaft kräftig abschmecken.

4

Den Backofen auf 220° vorheizen.

5

Das Eiweiß zu sehr steifem Schnee schlagen und unter die Käsemasse heben.

6

Die Toastbrote erst mit der Butter, dann mit dem Tomatenmark bestreichen, leicht salzen und pfeffern.

7

Den Broccoli darauf verteilen und mit der Käsemischung bedecken. Die Sonnenblumenkerne daraufstreuen.

8

Die Toasts auf einem mit Alufolie oder Backtrennpapier belegten Backblech in den Backofen (Mitte) schieben und etwa 10 Minuten überbacken.

Pro Person etwa 1600 kJ/380 kcal
19 g Eiweiß · 24 g Fett · 22 g Kohlenhydrate

Broccolitoast mit Eihaube

Hühnerleber auf Bauernbrot

Mit knackigem Salat ein feines Abendessen; auch für eine kleine Einladung hervorragend geeignet.

Zutaten für 2 Personen:
1 kleine Zwiebel · 1 kleiner oder ½ Apfel
3 Eßl. Butter · 1 kleine Knoblauchzehe
180 g Hühnerlebern · je 1 großzügige Prise Salz und schwarzer Pfeffer, frisch gemahlen · 1 Zweig Majoran, frisch gehackt, oder ½ Teel. getrockneter Majoran · 1 große oder 2 kleinere Scheiben Bauernbrot · 2 Eßl. Goudakäse, grob gerieben · ½ Bund Schnittlauch

- Vorbereitungszeit: etwa 20 Minuten
- Backzeit: etwa 10 Minuten

1

Die Zwiebel schälen und sehr fein hacken. Den Apfel schälen, vom Kernhaus befreien und fein raspeln. 2 Eßlöffel Butter in einer Pfanne erhitzen. Die gehackte Zwiebel und die Apfelraspel darin weich dünsten.

2

Den Knoblauch schälen und durch die Knoblauchpresse dazudrücken.

3

Die Hühnerlebern von Häutchen und Fettstückchen befreien, in grobe Stücke schneiden, in die Pfanne geben und 3 Minuten mitbraten. Mit dem Salz, dem Pfeffer und dem Majoran würzen.

4

Den Backofen auf 200° vorheizen.

5

Das Bauernbrot falls nötig halbieren, leicht antoasten (Seite 18/19) und mit der restlichen Butter bestreichen. Die Lebermischung darauf verteilen und mit dem Käse bestreuen.

6

Die Toasts auf einem mit Alufolie oder Backtrennpapier belegten Backblech in den Backofen (Mitte) schieben und etwa 10 Minuten überbacken, bis der Käse zu schmelzen beginnt.

7

Den Schnittlauch kleinschneiden und auf die fertigen Toasts streuen.

Pro Person etwa 2000 kJ/480 kcal
27 g Eiweiß · 28 g Fett · 29 g Kohlenhydrate

Hühnerleber auf Bauernbrot

Großer Salami-Oliven-Toast

Dieser Toast schmeckt nach »Urlaub im Süden«. Sie sollten genügend Appetit haben oder zu viert essen.

Zutaten für 2 Personen:
1 kleines Stangenweißbrot · 2 Eßl. Butter
150 g Salami in dickeren Scheiben
1 kleines Glas mit Paprika gefüllte Oliven
(etwa 70 g) · 2 Zweige Oregano, frisch
gehackt, oder 1 Teel. getrockneter
Oregano · Salz · ½ Teel. schwarzer Pfeffer,
frisch gemahlen · ½ Bund glatte
Petersilie · 150 g Ziegenkäse

- Vorbereitungszeit: etwa 15 Minuten
- Backzeit: etwa 10 Minuten

1

Das Stangenweißbrot längs halbieren. Die Butter in einer großen Pfanne erhitzen. Das Brot mit der Schnittfläche nach unten darin goldbraun rösten (Seite 18/19).

2

Die Salamischeiben häuten und in sehr kleine Würfel schneiden. Die Oliven abtropfen lassen, in dünne Scheiben schneiden und mit den Salamiwürfeln mischen. Mit dem Oregano, wenig Salz (weil die Salami würzig ist) und dem Pfeffer würzen.

3

Den Backofen auf 200° vorheizen.

4

Die Petersilie waschen, trockenschütteln und grob hacken (Seite 18/19). Unter die Salami-Oliven-Mischung geben.

5

Den Ziegenkäse von der Rinde befreien, (sie schmilzt nämlich nicht) und in Scheiben schneiden.

6

Die Salami-Oliven-Mischung auf den Brothälften verteilen und mit den Käsescheiben gleichmäßig belegen.

7

Die Toasts auf einem mit Alufolie oder Backtrennpapier belegten Backblech in den Backofen (Mitte) schieben und 8–10 Minuten backen, bis der Käse zu schmelzen beginnt.

Pro Person etwa 3900 kJ/930 kcal
30 g Eiweiß · 72 g Fett · 37 g Kohlenhydrate

Großer Salami-Oliven-Toast

Vollkorntoast mit Pilzen

Eine herzhafte Zwischenmahlzeit zum Sattwerden. Mit Speck und Vollkorntoastbrot.

Zutaten für 2 Personen:
50 g durchwachsener Speck · 1 Teel. Öl
100 g Champignons oder Egerlinge
1 Frühlingszwiebel · 1 Bund Petersilie
2 Scheiben Vollkorntoastbrot
1 Eßl. Butter · 125 g Camembertkäse
schwarzer Pfeffer, frisch gemahlen

- Vorbereitungszeit: etwa 20 Minuten
- Backzeit: etwa 10 Minuten

1

Den Speck von der Schwarte befreien und sehr klein würfeln. Mit dem Öl in einer Pfanne braten.

2

Die Champignons putzen, abbrausen oder mit Küchenkrepp nur abreiben. Die Pilze vierteln, sehr große Exemplare achteln oder halbieren und in Scheiben schneiden. In die Pfanne geben und 3 Minuten braten.

3

Die Frühlingszwiebel putzen, waschen und in sehr feine Ringe schneiden. Die Petersilie fein hacken (Seite 18/19). Mit den Zwiebelringen zu den Pilzen geben und kurz dünsten. Die Pfanne vom Herd nehmen.

4

Den Backofen auf 220° vorheizen.

5

Die Brotscheiben toasten (Seite 18/19) und mit der Butter bestreichen. Die Champignons darauf verteilen.

6

Den Camembert in Scheiben schneiden, auf die Pilze legen und pfeffern.

7

Die Toasts auf einem mit Alufolie oder Backtrennpapier belegten Backblech in den Backofen (Mitte) schieben und etwa 10 Minuten überbacken.

Pro Person etwa 2200 kJ/520 kcal
20 g Eiweiß · 40 g Fett · 21 g Kohlenhydrate

Vollkorntoast mit Pilzen

Gefüllte Toastecken

Eine Anlehnung an die italienische Spezialität »Mozzarella in carrozza«.

Zutaten für 2 Personen:
1 Ei · 1 Eigelb · 2 Eßl. Milch · Salz
schwarzer Pfeffer, frisch gemahlen
1 Prise Muskatnuß, frisch gerieben
1 Messerspitze Cayennepfeffer
2 Scheiben Toastbrot · ½ Kugel Mozzarellakäse (etwa 75 g)
3 Eßl. Butterschmalz · ½ Bund Basilikum
3 Eßl. Essig · 2 Eßl. Öl

- Vorbereitungszeit: etwa 10 Minuten
- Backzeit: etwa 8 Minuten

1

Das Ei und das Eigelb in einem Suppenteller mit einer Gabel kräftig verquirlen. Die Milch hinzufügen und mit Salz, Pfeffer, dem Muskat und dem Cayennepfeffer kräftig würzen (Seite 34/35).

2

Die Toastbrotscheiben diagonal halbieren. Den Käse in Scheiben schneiden und jeweils 1 Scheibe zwischen 2 Toasthälften legen (Seite 34/35).

3

Die Toastecken in die Eiermilch legen und beiseitig vollsaugen lassen (Seite 34/35).

4

Das Butterschmalz in einer Pfanne erhitzen und die Toastschnitten darin beidseitig jeweils 4 Minuten goldbraun ausbacken.

5

Das Basilikum abbrausen und trockenschütteln. Die Blättchen in feine Streifen schneiden (Seite 18/19). Aus dem Essig, dem Öl, etwas Salz und Pfeffer eine Sauce rühren. Das Basilikum hineinstreuen.

6

Die Toastschnitten auf zwei Teller legen und mit der Sauce umgießen.

Pro Person etwa 2100 kJ/500 kcal
15 g Eiweiß · 44 g Fett · 12 g Kohlenhydrate

Gefüllte Toastecken

So wird's gemacht

Austernpilze vorbereiten

1 Die Austernpilze in ein Sieb geben und ganz kurz kalt abbrausen. Nie in Wasser legen, weil sie sich sonst vollsaugen.

2 Harte Stellen entfernen und die Pilze zerteilen.

3 Die Austernpilze in schmale Streifen schneiden.

1

Umgang mit Markknochen

1 Die Markknochen in eine Schüssel mit eiskaltem Wasser legen. Das Mark wird dann fest und weiß und läßt sich leichter auslösen.

2 Das Mark mit den Fingern aus den Knochen drücken. Mit kaltem Wasser abspülen und dabei eventuell anhaftende Knochensplitter sorgfältig entfernen.

3 Das Mark auf einem Teller mit der Gabel zerdrücken.

1

Toastecken in Eiermilch

1 Das Ei mit dem Eigelb verquirlen. Die Milch und die Gewürze hinzufügen.

2 Die Mozzarellakugel in Scheiben schneiden. Die Käsescheiben zwischen je 2 Toasthälften legen.

3 Die gefüllten Toastecken in die Eiermilch legen, vollsaugen lassen, dann umdrehen, damit auch die andere Brotseite mit Eiermilch getränkt wird.

1